Brigitte CALISE

Petite Liline

*Toute petite Liline,
grandiras-tu un jour ?*

Le narrateur

Mon nom c'est Crenouille

Coucou mon Crenouillou,

Aujourd'hui, c'est une nouvelle journée, décide qu'elle soit meilleure qu'hier !

Je viens de Tétarland et j'ai 8 ans. Mais tu sais, sur ma planète à moi, 8 ans, ce sont des années-lumière.

Je suis en visite sur Terre. Je la trouve tellement belle cette planète, elle est passionnante. Je découvre des milliers de choses.

Des choses incroyables qui m'émerveillent, d'autres me font pleurer et certaines fois, me mettent aussi en colère.

Je ne vais pas tout te raconter, mais si tu viens me rejoindre sur le site internet, sur Facebook et sur You tube, je te partagerai mes découvertes et mon univers…

Si tu le veux bien, on sera ensemble très souvent.
Viens vite nous retrouver.

tetarland@crenouille.fr   &   www.crenouille.com

Tu pourras partager ce qui te passionne, ce qui te rend heureux. N'hésite pas et rejoins-nous vite.

Nous avons de nombreuses histoires à te partager.

Les histoires de Brigitte, sont restées endormies dans un tiroir. Il est temps de les révéler au grand jour et de te les partager.

Je suis très touchée d'être à tes côtés. J'en profite pour te remercier de ta confiance et de ton amour, lorsque l'occasion nous est donnée de nous rencontrer.

La lecture c'est un moment de détente ! Je te propose de prendre un peu d'eau, d'installer un oreiller derrière ton dos et de penser à respirer régulièrement.

Ben oui, je remarque que sur votre planète, vous ne pensez pas vraiment à respirer correctement, ni à boire d'ailleurs.

Pourtant c'est tellement important...

Si tu écoutes l'audio en même temps, met un casque, tu verras c'est bien plus fun.

TA MISSION C'EST : TE DÉTENDRE !

A PROPOS...

As-tu une passion, un rêve ?

Si ce n'est pas le cas ne t'en fais pas. Observe ce que tu aimes faire le plus souvent et tu verras, c'est un indice qui te permettra de l'identifier.

Si tu l'as déjà trouvé, pense à le noter et à le conserver dans un coin de ta tête.

Tu peux aussi le relire et lui donner de plus en plus de détails, de couleurs.

Rends-le de plus en plus vivant !
Imagine-toi en train de le vivre.

Il est ton diamant précieux, prends en soin régulièrement.

Tu peux aussi nous le partager par mail

tetarland@crenouille.fr

QUOI ?

Je papote beaucoup ?

Ben oui, mais bon, je te donne un petit secret.

Sais-tu pourquoi Brigitte m'a désigné comme narrateur ?
Parce que je suis une grenouille curieuse mais aussi parce
que je suis une grenouille qui aime partager ses découvertes.

Il y en a tellement à découvrir…
Je nourris mes envies de parler et de partager.

Hi ! Hi ! Hi !
Tu me suis mon Crenouillou ?

Avant de commencer j'ai envie de te faire des gros poutous,

Bonne lecture…

Crenouille,

Aujourd'hui, je vais te raconter…

L'histoire de Liline

**Une petite chenille
qui ne voulait pas grandir...**

Liline était si petite et si fragile,
que ses parents lui disaient toujours :

**« Petite Liline, toute petite Liline,
grandiras-tu un jour ? »**

Chaque saison, Liline observait la transformation de ses
Petits amis.

Chez les chenilles, après quelque temps de vie, lorsqu'elles
se sentent prêtes à quitter le nid familial, il se passe quelque
chose d'incroyable et de magnifique.

La petite chenille se transforme en papillon.

Les petits amis jouent tous ensemble et puis, un jour, ils se
mettent un peu à l'écart pour se transformer en chrysalide.

On ne les voit plus se promener de feuilles en feuilles.

Suspendues par un fil de soie que les chenilles tissent elles-
mêmes, elles attendent, à l'intérieur de leur coquille, de se
transformer en papillon.

**On peut ainsi les apercevoir, suspendu la tête en bas, sur
une branche d'arbre.**

Le savais-tu ?

C'est la larve du papillon que l'on nomme
« Chenille »

Je les ai observés. Sous sa bouche, la chenille a des petites glandes.

Ce sont ces petites glandes, qui vont lui permettre de fabriquer son fil de soie.

Et donc, c'est avec ce fil de soie qu'elle va pouvoir fabriquer sa chrysalide.

Tu peux d'ailleurs dire : cocon, Nymphe ou coquille. c'est aussi grâce à ce fil, qu'elle va pouvoir s'accrocher aux branches.

Oh, mais tu sais, elles ne choisissent pas toutes de s'accrocher dans les arbres, j'en ai vu au ras du sol et je sais que certaines choisissent même de s'enterrer.

Ah ! Une autre petite chose, que j'ai pu remarquer.

Pour que la chenille puisse devenir une chrysalide, elle arrête de manger.

Quand elle fait ça, elle nettoie et purifie son organisme. C'est ce que l'on appelle « jeûner », tu as peut-être déjà entendu ce mot.

Au fur et à mesure, sa peau va changer, elle va muer et cela va lui permettre de constituer sa coquille.

On dit qu'elle opère sa régénération avant sa mutation.

Oh, mais j'y pense :

Plutôt que de dire faire le poirier, je vais pouvoir dire : Faire la chenille !

Hi ! Hi ! Hi ! J'ai trouvé une nouvelle expression !

Si tu veux, fais une pause et amuse-toi !

Tout ce qui se trouve à tes côtés peut-être intéressant.

Crayons de couleurs, feutres… Tu peux récupérer des magazines…

Amuse-toi à dessiner Liline et ses amis. Tu peux tout imaginer…

Le principal, c'est de créer et de s'amuser…
J'adore dessiner sur de grandes feuilles, avec un peu de peinture, des crayons...

Je rajoute des formes que j'ai découpées…

Ce n'est pas toujours très joli, mais je m'amuse beaucoup de le faire.

Si tu as envie, viens les partager avec nous. J'ai hâte de les découvrir.

tetarland@crenouille.fr
On y retourne...

Après quelque temps,

Liline voyait ses petits amis revenir vers elle, transformé...

Leurs chrysalides s'étaient ouvertes, leur permettant de donner vie au joli papillon qu'ils étaient en train de devenir.

Liline était tellement heureuse, de retrouver ses amis.

Ils s'amusaient tous ensemble et ses amis tournoyaient autour d'elle.

**« Petite Liline, toute petite Liline,
Grandiras-tu un jour ? »**

C'était un moment de fête pour tout le monde et Liline se réjouissait pour ses amis.

Ils semblaient être, si heureux, de pouvoir s'envoler.

Ses amis l'aimaient beaucoup, leur petite Liline. Avec leur petit refrain, ils la taquinaient gentiment...

Un jour, Liline avait surpris l'une de leurs conversations.

« Je crois bien que dans dix ans nous y serons encore... Liline restera une petite chenille…

Depuis le temps, si elle avait dû se transformer, elle l'aurait déjà fait !

- Ah, là, là… Je crois bien que notre Petite Liline, n'y arrivera jamais. »

Liline n'était pas surprise. Elle le savait bien elle aussi qu'elle ne deviendrait jamais un papillon. Elles avaient raison.

A quoi bon insister, être triste… personne n'y croyait de toute façon.

Pourtant… Une toute petite voix au fond d'elle lui murmurait que c'était possible.

Mais, chaque fois qu'elle se sentait triste, cette petite voix disparaissait.

« Un jour tu verras… »
« Soit patiente... »

Liline n'avait rien dis. Elle s'était éloignée…
A quoi bon…

Ce soir-là, seule, Liline se mit à pleurer…
Le cœur bien serré, les larmes se mirent à couler le long de
ses joues.

Elle était tellement triste, elle se sentait tellement seule.
Personne ne croyait en elle.

**Si seulement, ils savaient…
Si seulement, ils me soutenaient…
Si seulement…**

Régulièrement, lorsque Liline se promenait, elle rencontrait des papillons venus de différents pays.

Elle aimait partager avec eux leurs aventures, imaginer les nombreux paysages qu'ils découvraient au fil de leurs voyages.

Liline était rêveuse… Elle s'imaginait…
Mais ce jour-là, le lendemain d'une incroyable tristesse, Liline avait pris une décision.

Lorsque le papillon se mit à rire...

« Tu ne serais pas la petite Liline, cette petite chenille qui ne voulait pas grandir ? »

 Liline répondit :

« Je suis Liline, une chenille qui ne deviendra peut-être jamais un papillon, mais qui en tout cas fera toujours de son mieux avec ce qu'elle est et ce qu'elle a. Si tu veux devenir ou rester mon amie, alors accepte-moi telle que je suis et j'en ferais autant avec toi. »

Le papillon regarda Liline qui s'éloignait le sourire aux lèvres...

Li line grandiras, tu?

Ce jour-là, puis les suivants…

Liline n'était plus la même. Chaque fois que quelqu'un se mettait à chantonner…

« Petite Liline, toute petite Liline, grandiras-tu un jour ? »

Liline reprenait.

« Ce petit air me fait beaucoup de peine. Je ne veux plus l'entendre.

- Je ne vous l'ai jamais dit mais ça suffit. Je suis comme je suis et même si je reste chenille, je peux réussir moi aussi à faire quelque chose de ma vie. »

« Après tout, il n'y a pas que les papillons sur cette terre. » Reprit Liline.

Surpris, ses amis la regardaient.

L'un d'entre eux se mit à chantonner.

Liline, toute petite Liline, une chenille qui deviendra bien plus grande un jour…

Hi ! Hi ! Hi ! J'adore ces petites histoires…

Fais une pause, si tu veux bien et réfléchis un peu.
As-tu déjà remarqué comment tu te tiens ?
Quelle est la position de ton corps.

Quand tu es triste, en colère ou sure de toi ?
As-tu toi aussi des moments de tristesse comme
Liline ? Comment tu fais pour les surmonter ?

Tu peux m'écrire un poème, un dessin… ce que tu
veux pour partager ce dont tu as envie.

J'imagine Liline debout, le dos droit.
Pourquoi pas avec les deux pattes sur les hanches.

Regardant ses amis droits dans les yeux.
Une chenille sure d'elle et souriante.

Ah ! C'est beau la certitude ! Sur Tétarland, on
nous dit toujours :

Si tu sais qui tu es, les autres le sauront aussi !

Et s'ils ne le savent pas, alors tant pis pour eux…

Liline avait pris la décision de s'accepter.

Telle qu'elle était !

Quelque temps après…
Un soir d'une incroyable et magnifique
pleine lune…

Cette nuit-là, la lune avait été particulièrement lumineuse.

Comme chaque jour, les parents de Liline, s'apprêtaient à
venir l'embrasser dans sa chambre…

Mais ce matin-là…

Liline ne répondait pas à l'appel de ses parents.

Soudain, ils l'aperçurent par la fenêtre.

Ses parents n'en revenaient pas. Ce cocon était incroyable.

La coquille était si délicate, si brillante et si lumineuse
qu'on aurait dit qu'un peintre l'avait sublimé de son pinceau
doré.

A l'aide de son fil de soie, Liline avait tissé son cocon sur la plus haute branche de l'arbre.

Elle n'avait pas choisi n'importe quel arbre.

Personne n'avait jamais osé s'installer dans le plus grand et le plus bel arbre de la forêt.

Ce conifère était connu dans le monde entier pour pouvoir atteindre des tailles jusqu'à quarante mètres.

Réputé comme étant le plus grand et le plus large arbre au monde, personne n'osait approcher ce séquoia.

Désormais, chaque personne qui se promenait pouvait admirer Liline dans son magnifique cocon.

Ses parents et ses amis étaient désormais tellement fiers d'elle.

Mais Liline, n'avait plus besoin qu'ils soient fiers d'elle, elle
Savait désormais qui elle était. Peu importe qu'elle devienne papillon ou non.

Elle avait trouvé quelque chose de bien plus grand.

Elle croyait en elle-même !

Les saisons se succédaient… Il ne se passait rien…

La chrysalide ne s'ouvrait toujours pas. Ses parents finissaient par ne plus croire en elle.

Ça arrive de temps en temps. Ils ne savaient pas comment faire.

Ils se sentaient triste… Et ce petit air qui revenait…
Oh, là, là…
Liline toute petite Liline…
Grandiras-tu un jour...

Liline n'était pas inquiète. Elle était silencieuse et calme,
à l'intérieur de sa Chrysalide.

Elle savait que ce moment lui permettait de se reposer.
Alors, elle acceptait ce temps de repos.

Peu importe ce qu'il se passerait, elle finirait bien par sortir
un jour.

Elle le savait !

Le savais-tu *?*

Le stade de transformation d'une chenille s'appelle la nymphose.

Certaines chenilles vont opérer leur transformation en l'espace de quinze jours.

Et d'autres vont mettre plus de temps. Certaines peuvent même mettre plus de deux années pour se transformer.

Mais, c'est bien finalement, chacune respecte son rythme. On s'ennuierait si tout le monde faisait pareil.

Selon les espèces de chenilles, certaines sont isolées et d'autres se regroupent les unes à côté des autres pour opérer leur transformation.

Et toi ? Qu'en penses-tu ?
Viens discuter avec nous sur le site.

www.crenouille.com

Finalement, le temps passait…
Les papillons et chenilles du monde entier venaient admirer
le cocon qui ne voulait pas se transformer.

Plus personne ne pensait qu'un jour Liline deviendrait un
papillon.

Mais un automne...

Telle une coquille d'œuf qui se briserait…
Tel un petit poussin qui découvrirait le monde…

La chrysalide de Liline s'ouvrit.
Tout doucement, sous les yeux ébahis de tous.

Un magnifique papillon apparut.

Quelque temps plus tard, venus spécialement des quatre
coins du monde, des papillons s'émerveillaient de voir une
telle beauté.

Liline était splendide.

Les ailes de Liline étaient splendides. Bleues, lumineuses et éclatantes.

 Leurs contours semblaient avoir été dessinés à l'or fin.
On apercevait des reflets, des contrastes…

Du noir, du marron, des arabesques…

Très vite, Liline fut remarquée, adulée et accueillie partout dans le monde.

On réclamait sa présence partout et désormais, elle voyageait vers de nouvelles contrées. Elle réalisait son rêve.

S'envoler…

Désormais, dans la forêt on entendait ce petit refrain...

**Liline, toute petite Liline…
REVIENDRAS-TU UN JOUR ?**

Le savais-tu ?

Quand la chenille est à l'intérieur de sa coquille, elle se secoue le popotin dans tous les sens pour pouvoir se libérer de sa dernière mue.

Muer consiste à se libérer de son ancienne peau pour laisser place à la nouvelle.

C'est un changement de peau. Tout comme tes cheveux, quand tu en perds, d'autres repoussent.

Tu peux voir ce phénomène chez les serpents. Ils retirent leur peau en un seul morceau.

Tu peux aussi l'observer sur toi, si tu frottes un peu ta peau, tu verras alors des petites particules tomber.

C'est bien plus discret mais le phénomène de régénération (renouvellement de ta peau) est le même.

La dernière mue de la chenille c'est son cocon. Une fois qu'elle l'a retiré elle devient papillon.

Hi ! Hi ! Hi ! Mon Crenouillou,

Waouh ! Je suis tellement fière d'être à tes côtés. J'ai beaucoup de gratitude de t'imaginer en train de lire nos aventures.

Viens nous retrouver sur www.crenouille.com

Tu pourras partager tes commentaires, tes dessins, collages…

Tu retrouveras toutes tes créations sur le site.

Il y a de nombreuses choses à retenir dans cette histoire. Je suis très curieuse de savoir ce que tu en as pensé.

Viens partager avec nous sur le site tes impressions. Ce que tu as ressenti, ce que tu as pensé.

N'oublie pas qu'aujourd'hui, c'est une nouvelle journée, décide qu'elle soit meilleure qu'hier.

Je te fais des gros poutous, a très vite.

Crenouille,

L'auteur Brigitte

Elle vit dans une contrée lointaine au soleil, se nourrit de fous rires et de lumière, et remercie tous les jours l'univers pour tous les cadeaux qu'il lui offre.

Amoureuse de la nature qu'elle respecte et dont elle prend soin par des petits gestes au quotidien, elle ne manque jamais une occasion de manger une pâtisserie ou un bon petit plat de Crenouille.

Photos Crenouille

©Tous droits réservés

Si vous le désirez, vous pouvez obtenir une photo dédicacée, sur simple demande après votre achat.
tetarland@crenouille.fr

Illustrations :

La collection de Brigitte CALISE encourage la créativité et l'imagination. Seul le livre " Petite Liline " est illustré. Petite Liline, une illustration de cœur. Merci à toi Collette pour ta gentillesse et patience et merci à toi ma chérie Tiffany, pour ton aide et soutien. Je vous aime. Ma petite maman, je te dédie cette histoire, je t'aime.